CATALOGUE

DU PRÉCIEUX CABINET

DE TABLEAUX,

DES ÉCOLES HOLLANDAISE, FLAMANDE ET FRANÇAISE

DE M. BOILLY, PEINTRE,

ET DES OUVRAGES LES PLUS CAPITAUX DE CET ARTISTE :

Dessins à l'aquarelle, Estampes en recueil, Terre cuite, par Clodion, Vases en granit et en porcelaine, panthographe, Bronze et Objets divers, dont la Vente aura lieu les lundi 13 et mardi 14 avril 1829, à midi précis, en la salle Lebrun, rue de Cléry, n°. 21.

L'exposition sera publique les Samedi 11 et Dimanche 12, de midi à quatre heures.

⎯⎯⎯

LE PRÉSENT CATALOGUE SE DISTRIBUE A PARIS,

Chez MM. ⎨ BONNEFONS-DELAVIALLE, Commissaire-Priseur, rue St.-Marc, n°. 14; Ch. PAILLET, Commissaire-Expert honoraire des Musées royaux, rue Grange-Batelière, n°. 24.

1829.

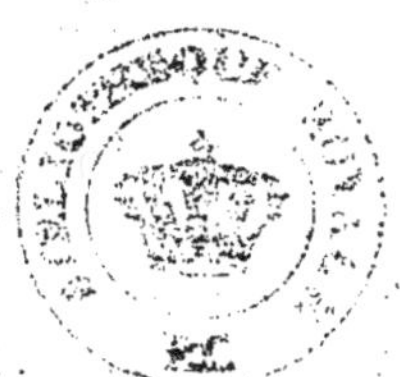

IMPRIMERIE DE A. CONIAM,

FAUBOURG MONTMARTRE, N° 4.

AVERTISSEMENT.

C'est de son plein gré et dans des vues toutes favorables à sa famille, que M. Boilly a pris la résolution de se séparer de ses nombreux ouvrages, et du précieux Cabinet qu'il s'était formé en tableaux de l'École Hollandaise, et de l'École Française moderne ; cette réunion acquise de ses économies dans les ventes les plus importantes de Tolosan, Robit, Lebrun, Paillet père et Donjeux, qui ont eu lieu depuis une trentaine d'années, seraient déjà une recommandation si les tableaux ne se recommandaient d'eux-mêmes. Il suffira de parcourir la liste des maîtres que nous indiquons pour s'en convaincre, et de voir l'exposition pour en acquérir la certitude. Cette exposition se divisera presque en trois parties qui rivaliseront entr'elles ; la première celle des peintres Hollandais et Flamands, des peintres Français de l'École moderne, et celle des ouvrages de M. Boilly dont la réputation est universelle. Nous ne craignons point d'être répréhensible en qualifiant ainsi la réputation de cet habile artiste : 4,5oo portraits bien comptés sont des états de service en peinture ; et dans les pays les plus éloignés, M. Boilly peut produire un certificat de son talent. Il est de ses portraits qui bien certainement ont passé les frontières; on se sépare difficilement de l'image d'une épouse, d'une mère ou d'une fille chérie, et dût-on aller à l'une des deux extrémités du monde, on emporte avec soi le souvenir de ses plus chères affections; mais ces portraits faits avec une grande prestesse dans l'exécution et une promptitude rare à saisir la parfaite ressemblance, ne sont pas les seuls titres à la réputation de l'artiste; ils ne deviennent même qu'un accessoire à son talent; la même palette a produit encore des sujets reproduits par la gravure et la lithographie et qui, par l'esprit dans les compositions et la gaîté des sujets, sont autant de bons mots en peinture; presque tous les genres lui ont été familiers, les paysages avec des fabriques à l'Italienne, les scènes d'intérieur et familières, les imitations populaires, les fleurs, enfin tout ce qui tient au domaine de la peinture; on en pourra juger par les tableaux principaux qui sont universellement connus et qui ont fait à la fois l'admiration et le divertissement des salons; c'est la distribution des comestibles aux Champs-Élysées, qui, heureusement, ne se re-

vera plus que sur la toile ; la promenade au jardin Turc ; l'arrivée de la diligence dont on est à
même de vérifier la ressemblance, cour des gran-
des Messageries, et beaucoup d'autres tableaux
curieux encore par la vérité, les effets piquants
et la variété dans les sujets.

On recommande ordinairement au public de
ne pas remarquer telle ou telle composition, ce
soin nous est épargné d'avance, car dès que nous
verrons répandu le catalogue, nous avons l'espoir
que les amateurs du genre spirituel et amusant
se déplaceront sans regret; et si les intéressés aux
4,500 portraits de M. Boilly veulent seulement
nous honorer de leur visite, il est à présumer alors
que nous ne manquerons pas de spectateurs.

LISTE DES PEINTRES

DONT LES NOMS SONT COMPRIS DANS CE CATALOGUE.

—————————

ÉCOLE HOLLANDAISE ET FLAMANDE.

—————————

Lingelback.
Guillaume Vandewelde.
Art. Vanderneer.
Guillaume Mieris le jeune.
Vanderheyden et Vandevelde.
Frédéric Moucheron.
J. B. Wénix.
Thomas Wick.
Gérard Terburg.
Adrien Ostade.
Gérard Douw.
Eglon Vandernéer.
Vanderpoël.
Brauver.
Bout et Baudwins.
Meyer de Delft.
Van Bloemen.
Guillaume Van Romeyn.
Vanderhelst.
Albert Cuyp.
Corneille Poëlembourg.

Abraham Hondius.
Van Helmont.
Mirveldt.
Gaspard de Crayer.
Seghers.
Omégang.

ÉCOLE FRANÇAISE.

MM. Boilly.
Demarne.
Taunay.
Droling.
Duval.
Dunouy.
Michalon.
Hue.
Loutherbourg.
Bertin.
Thibauldt.
Michel.
Swebach père.
Robert.

ABRÉVIATIONS.

H. . . . . Hauteur
L. . . . . Largeur.
T. . . . . Toile.
B. . . . . Bois.
C. . . . . Cuivre.
P. . . . . Pouces.

Catalogue

DU PRÉCIEUX CABINET

DE TABLEAUX,

DES ÉCOLES HOLLANDAISE, FLAMANDE
ET FRANÇAISE.

DÉSIGNATION DES TABLEAUX

PEINTS PAR M. BOILLY.

1. La distribution de comestibles et de vin aux Champs-Élysées.—Tout ce peuple bruyant et tumultueux est amoncelé près d'une tribune, et l'on y voit mieux que partout ailleurs la raison du plus fort devenir la meilleure, car ce sont les plus intrépides qui, s'échafaudant les uns sur les autres, écartant des pieds et des mains tout ce qui s'oppose à leur passage, parviennent à conquérir par des voies de fait bien caractérisées un broc de vin ou bien un saucisson.

Grâce aux soins de M. le Préfet de police dont la sollicitude s'étend jusques sur le mode convenable des réjouissances, nous serons désormais heureusement privés de scènes scandaleuses qui resteront en oubli, et le tableau qui les a représentées ne sera plus qu'un jeu divertissant et une opposition heureuse aux améliorations du nouveau magistrat auquel nous devons la répression des abus.

H. 40 *p. L.* 48. *s. T.*

2. Le jardin Turc. — Il y a une quinzaine d'années à-peu-près que ce jardin, par les attraits de la nouveauté, attirait les élégantes et les bourgeois retirés du Marais. Chaque soirée offrait une réunion de personnages curieux par leurs habitudes. M. Boilly, qui habitait le voisinage, a eu l'idée de représenter ce qu'il voyait fréquemment ; le grand père la canne entre les jambes, et spectateur immobile des passans, la jeune bonne entourée d'enfans, le petit joueur de vielle donnant en plein air une représentation de marionettes que son genou fait mouvoir, et les élégantes en toilette prenant le bras d'un cavalier galant. On trouvera rarement, dans les tableaux de cet artiste fécond, des héros de l'antiquité ; ce sont des scènes populaires, dont nous avons été témoins et dont on peut l'être encore le dimanche ; quiconque s'est promené, depuis le faubourg du Temple jusqu'à la rue Charlot, reconnaîtra facilement le portrait vrai du jardin Turc.

L. 42 *p. H.* 32. *s. T.*

3. L'arrivée de la Diligence. — (Vue prise dans l'intérieur de la cour des Messageries, rue Notre-Dame-des-Victoires).

On se rappelle qu'au salon de 1804, où fut exposé ce tableau, chaque personne s'arrêtait et croyait reconnaître un époux, un frère, une sœur et soi-même, encore dans le nombre des voyageurs que l'artiste a su grouper si ingénieusement. Rien de ce que nous voyons journellement n'a été oublié ; le conducteur affublé des cartons d'une vieille dame ; le commissionnaire prêtant son dos aux valises, aux paquets des voyageurs ; les petits savoyards officieux et quelquefois importuns, s'emparant du sac de nuit pour gagner une pièce de monnaie, et enfin des épisodes de tous les côtés, des accessoires partout, et le mouvant tableau de cette confusion journalière au départ et à l'arrivée des diligences.

L. 44 p. H. 30. s. B.

4. Le Déménagement. — Une voiture chargée de meubles, des charrettes à bras, des brancards, des commissionnaires à crochets, traversent une place publique et vont au nouveau domicile des locataires ; voilà encore une peinture exacte de Paris, à l'expiration des termes.

L. 40 p., H. 32. s. T.

5. Le tableau du Sacre, exposé aux regards du public dans le grand salon du Louvre. — Dans le nombre considérable de spectateurs, on remarque les portraits fort ressemblants du docteur Gal, de Hoffman, homme de lettres, de M. Baptiste de la Comédie française, et de Robert, peintre.

L. 36 p., H. 30. s. T.

6. La lecture du bulletin. — Un vieillard, entouré de ses enfans et qui vient de lire les hauts faits de l'armée française, en suit la marche sur une carte géographique ; une petite fille, qui a fait une armée de soldats avec des cartes, jette un cri assez naturel à son âge quand elle voit un chien qui, aboyant après un gros chat noir, a de sa patte renversé le corps d'armée qu'elle allait faire manœuvrer sur le carreau. Un jeune garçon, qui de son autorité s'est fait soldat en ajustant sur sa tête un papier de pain de sucre en guise de casque et une canne pour fusil, est dans l'attitude du factionnaire et n'a pas du tout l'air de redouter la présence de l'ennemi. On dit qu'une allégorie fine et spirituelle a trouvé sa place dans cette ingénieuse composition.

H. 22 p. L. 26. s. T.

7. Le deuxième et le neuvième mois. — Dans le premier, une jeune épouse évanouie respire des sels que lui donne son mari ; et dans le second tableau , on voit une jeune femme qui presse la main de son époux sur le fruit de leur union.

H. 6. p. L. 5. s. T.

8. Scène de voleurs. — Des brigands de fort mauvaise mine se sont introduits dans un salon; mais heureusement ils sont découverts presque à leur arrivée, car le maître de la maison a eu le temps d'en saisir un aux cheveux, et pour récompense lui braque le pistolet sur la gorge ; un autre, vrai héros de mélodrame,

fait une fort mauvaise figure à l'aspect d'un instrument tranchant levé sur lui ; un troisième terrassé par un gros boule-dogue semble demander son pardon.

H. 11. p. L. 13. s. T.

9. . . . . . Et l'ogre l'a mangé. . . . . . . et vous serez heureuse en ménage. — Ces deux petites compositions où l'expression est tout, ont été lithographiées sous ce titre. Dans le premier, une vieille femme vient de lire un conte à des petits enfans effrayés de la conclusion et l'ogre l'a mangé ; et dans l'autre, une tireuse de carte pronostique à une jeune servante que par le valet de cœur elle sera heureuse en ménage.

H. 10 p. L. 6. s. B.

10. Le Jeu de Billard et l'Écarté. — C'est ce que nous voyons journellement dans le monde ; passez une soirée dans un salon, sortez-en pour varier vos plaisirs, et restez spectateur d'une partie de billard, revenez ensuite aux deux tableaux de M. Boilly, et vous aurez encore un portrait frappant des amusemens de société.

L. 20 p. H. 18. s. T.

11. La bonne et la mauvaise Nouvelle.

12. Le Départ du Conscrit et l'arrivée. — Ces quatre sujets sont connus par les lithographies qui les ont reproduits.

H. 11 p. L. 10. s. T.

13. La première dent et la dernière. — Deux compositions de six figures chacune.

14. Jeune femme assise dans un jardin, deux enfans l'accompagnent.

15. Réunion de trent-cinq têtes d'expression caricature et de physionomie des plus variées. — Le rire, la tristesse, l'admiration, le dédain, l'ironie, et en général toute la mobilité du visage selon les caractères, la condition, l'âge et la conformation des individus.

L. 24 p. H. 20. s. B.

16. Sur une tablette en marbre et de brèche veinée sont posés des fruits, pêches, prunes et groseilles qui accompagnent une corbeille de fleurs dont le choix offre une réunion variée de toutes les espèces, roses, tulipes, œillets, pavôts, anémones, jasmin, les plus beaux produits de la nature et rendus avec une étonnante vérité. Cette émancipation de talent prouve la facilité de M. Boilly à traiter tous les genres avec un égal succès.

H. 20 p. L. 24, s. T.

17. Autre bouquet de fleurs groupées dans un vase et vues dans tout leur éclat et leur maturité.

H. 24 p. L. 20. s. T.

18. Roses posées sur une tablette de marbre.

H. 11 p. L. 13, s. T.

19. Le Jeu du tonneau et l'intérieur d'un cabaret.
— Deux compositions très-nombreuses en figures.

L. 20 *p. H.* 18. *s. T.*

20. Jeune paysanne montée sur un cheval blanc,
et revenant avec deux autres villageois; elle est sta-
tionnée sous une porte de ville contre laquelle est un
escalier. Deux belles vaches et un âne que conduit
un enfant augmentent encore la richesse de cette
composition entièrement hors du genre de son auteur et pourtant heureusement traitée.

L. 22 *p. H.* 20. *s. T.*

21. Deux paysages et fabriques d'Italie, enrichis
l'un et l'autre de figures et animaux; dans l'un des
deux, un palfrenier conduit ses chevaux à l'abreuvoir.

L. 22 *p. H.* 20. *s. T.*

22. Intérieur de l'atelier de Houdon, statuaire; le
moment est celui où l'artiste modèle un bloc de
terre.

23. Vue de la galerie d'Algaby, prise du Valais.

L. 47 *p. H.* 36. *s. T.*

24. Vue de la ville de Berne, prise du haut des
promenades; on y découvre les principaux édifices
et la rivière de l'Aar qui l'entoure.

L. 47 *p. H.* 36. *s. T.*

25. Intérieur d'appartement; une jeune femme

ayant un enfant sur ses genoux, le laisse avec confiance caresser un gros chien.

H. 36 *p. L.* 3o. *s. T.*

26. Jeune femme appuyée contre une colonne dans un jardin.

H. 11 *p. L.* 9. *s. T.*

27. La tendresse conjugale. Une jeune femme enceinte presse la main de son époux.

28. Dispute de femmes, aquarelle.

H. 26 *p. L.* 22. *s. T.*

29. MÉDAILLONS.—Réunion de sept têtes d'expression, dans un cadre et peintes à l'huile.

3o. Jeune femme jouant avec son enfant.

31. Une jeune fille portant son jeune frère sur ses épaules, et sa jeune sœur sous le bras, à l'huile et à l'imitation de l'estampe.

32. Tête de vieillard, imitée de Boissieu.

33. Portrait d'enfant.

34. TROMPE-L'OEIL. — Les petits soldats et les petites coquettes.

35. Marche triomphale d'après un dessin de Prudhon.

36. Les galeries du Palais-Royal.

37. Deux scènes de voleurs.

Ces quatre derniers articles sont peints à l'huile à l'imitation de l'estampe.

ÉCOLE HOLLANDAISE ET FLAMANDE.

---

38. Lingelback. — Riche paysage varié de site montagneux dans les fonds et enrichi de quelques fabriques. Tout le devant d'une prairie coupée par des haies est occupé par un beau troupeau que garde un pâtre, assis sur une butte et le dos appuyé contre un arbre, en partie dépouillé de ses branches, et dont le haut se détache sur un ciel chargé de légers nuages. En revenant aux détails du premier plan, on remarque un beau taureau blanc tant soit peu moucheté, et près de lui une vache et des moutons couchés sur le gazon.

Dans le cabinet Tolozan, ce précieux tableau, entouré des richesses de l'école hollandaise, soutenait glorieusement la rivalité entre les premiers maîtres de ce genre, C. Dujardin, Ad. Vandevelde et Wouvermans; quelques personnes ont voulu attribuer à Wynants, son ami, les terrains, les plantes et le corps d'arbre en saillie; on ne retrancherait rien du mérite ni du prix de ce charmant tableau en adoptant cette dernière opinion.

H.   L.   s. T.

39. GUILLAUME WANDEVELDE. — Des navires hollandais et des barques en pleine mer par un temps calme ; à des distances assez rapprochées, deux barques marchandes ont leurs voiles déployées et marchent ensemble ; ces deux navires, d'une forme différente, occupent presque le milieu de ce magnifique tableau ; et sur la droite en plan plus éloigné, un navire à trois mâts poursuit tranquillement sa route, précédé et suivi de plusieurs barques, dont une plus rapprochée offre deux pêcheurs hollandais occupés à retirer leur filet ; tout près du tonneau, ligne de démarcation, se trouve en toutes lettres la signature de W. Vandevelde.

L. 24 p. H. 20. s. T.

40. ART. VANDERNEER. — Un des jolis tableaux de ce maître, d'une transparence et d'un piquant d'effet comme on en rencontre peu, brun dans les masses, et clair dans toutes ses parties ; il offre la vue d'un canal qui borde quelques maisons en briques, en bois et couvertes de chaume.

H. 9 p. L. 14. s. B.

41. GUILLAUME MIERIS. — Suzanne surprise par les vieillards ; elle est représentée nue, et n'ayant autour d'elle qu'une légère draperie et une écharpe de couleur ; son mouvement semble indiquer sa défense en repoussant un des deux vieillards déjà assez hardi pour porter sur son sein une main criminelle. L'autre, moins entreprenant, mais dont la physiono-

mie exprime de honteux désirs, cherche à dégager une partie du linge qui la couvrait.

Il est difficile de porter plus loin la perfection dans le pinceau, en examinant de près le fini de tous les détails qui enrichissent ce précieux tableau dont tous les plans sont occupés, le premier par un pot de fleurs à anse et bas relief, accessoire qui manquait rarement de trouver sa place dans les ouvrages composés de W. Mieris, et par un tapis dont les reflets ondoyant indiquent la vérité de l'étoffe et sa nature. Dans le lointain, des fontaines décorent un magnifique jardin arrosé par une rivière,

H. 13 p. L. 11. s. B.

42. Jean Vander-Heyden, Adrien et Guillaume Vandevelde. — La vue d'un canal de la Hollande, bordé de chaque côté par des maisons de plaisance ombragées d'arbres.

L. 22 p. H. 17. s. B.

43. F. Moucheron. — Paysage richement boisé, au milieu duquel s'élève une tour, une jeune fille montée sur son âne semble indiquer à un voyageur le chemin qu'il doit suivre.

Pour les effets de soleil bien ménagés, et la légèreté du feuillé des arbres qui le reçoivent, F. Moucheron est un des peintres hollandais les plus estimés.

L. 23 p. H. 20. s. T.

44. J.-B. Wenix. — Près d'une colonnade d'ar-

chitecture en vue d'un port de mer, un cavalier
s'exerce au jeu de la lance en usage alors dans le
pays; il précède un autre cavalier dont un valet selle
le cheval; celui-ci a près de lui deux jeunes écuyers
qui lui prêtent assistance et sont accompagnés d'un
nègre qui tient un chien en laisse.

Cette composition offre une réunion de sept personnages.

L. 30 *p. H.* 25. *s. T.*

45. Thomas Wyck. — Intérieur de chambre rustique pouvant aussi s'appeler estaminet hollandais;
un des groupes les plus divertissans est celui de deux
hommes dont un tenant un verre semble crier après
son voisin qui fait mine de lui refuser à boire; un
autre immobile et la pipe à la bouche écoute malgré
lui les chants criards d'un paysan assis contre un
comptoir. Une autre scène toute différente est celle
d'une très-petite fille qui caresse sa sœur dans son
berceau.

H. 22 *p. L.* 16. *s. B.*

46. Gérard Terburg. — Portrait d'un jeune hollandais, représenté la tête nue et la chevelure tom-
bant sur une collerette unie, qui elle-même se détache sur un fond de manteau noir.

H. 9 *p. L.* 8. *s. C.*

47. Adrie Ostade — Portrait du chevalier Van -

dervef; il est représenté à mi-corps dans un ajustement de négligé hollandais, et tient un livre de la main droite.

H. 10 p. L. 8. s. C.

48. GERARD DOUW. — Portrait de la mère de ce peintre à un âge fort avancé, et un peu dans le système de l'école de Rembrandt; elle est ajustée d'un mantelet bordé de fourure et la tête couverte d'une mante noir.

H. 7 p. L. 5 1/2. s. C.

49. BARTHOLOMÉE BREEMBERG. — Vue d'une partie du Colysée et ruines de cet édifice; sur la route où les romains conduisaient leurs chars, on aperçoit plusieurs figures, et contre un pilier de voûte, trois personnages dont deux en costume d'Arméniens.

Dans le cabinet Tolozan, dont ce précieux tableau a fait partie, il était regardé comme le type du plus beau pinceau de Bartholomée, et assimilé au mérite des plus fins ouvrages de Vanderheyden.

H. 10 p. L. 7. s. B.

50. EGLON VANDERNEER. — Dame hollandaise occupée à mettre ses boucles d'oreilles devant sa toilette; elle est représentée assise et dans un ajustement d'étoffe de soie dont les plis ressemblent au satin ; une table recouverte d'un tapis riche en couleurs sup-

porte son miroir et quelques pièces forment accessoires à sa toilette.

H. 12 *p.* *L.* 10. *s. B.*

5i. Vanderpool. — Intérieur d'une chambre rustique hollandaise ; une vieille femme assise devant son feu s'occupe à faire des *pofertiers* pour deux de ses petits enfans ; le chat pendant cette grave occupation , dérobe le poisson. Dans le fond où se trouve pratiquée une croisée, un jeune garçon , alléché par l'odeur de la friture, s'empresse d'escalader l'escalier pour prendre part au festin villageois.

Une harmonie parfaite, une couleur des plus séduisantes , sont des qualités qui peuvent niveler Vanderpool à l'alignement des Adrien et Isaac Ostade. Et quoique peintre secondaire , il est ici l'égal des grands coloristes de l'école.

H. 16 *p.* *L.* 15. *s. B.*

52. Le même. — Amas de maisons, chaumières, grange à foin , hangars entourés d'arbres , broussailles et instrumens aratoires. Cette vue, sans doute d'après nature, à causé de sa grande simplicité, offre la brillante lumière et les tons rimbranesques d'Isaac Ostade , la magie de sa couleur et le brodé dans les détails.

H. 18 *p.* *L.* 26. *s. C.*

53. Brauwer. — Jeune garçon pris dans la classe

du peuple; il est endormi tenant encore son pot de bierre, et son chien fidèle ne le quitte pas.

Toute cette petite figure d'un ton bien chaud et très-lumineux, se détache sur un fond de chambre basse faite de légers Frotis, qui constituent toute la légèreté de ce peintre, un des mieux appréciés après Téniers.

L. 7 p. H. 5. s. B.

54. **Bout et Baudwins.** — Petit paysage forêt avec quelques figures de paysans voyageurs.

H. 8 p. L. 7. s. T.

55. **Meyer de Delft.** — Vue d'une partie de la Meuse prise d'une jetée de village, elle est couverte de bâtimens à voile dans le lointain, et barques de pêcheurs agitées par les vagues.

H. 26 p. L. 30. s. T.

56. **Vanbloemen.** — Caravane villageoise; deux gardes de bois précèdent un fermier monté sur un cheval de fatigue et accompagnant un troupeau de bétail qui débusque le tour d'un rocher hérissé de broussailles.

H. 20 p. L. 22. s. T.

57. **Guillaume Van Romeyn.** — Paysage à effet de soleil, où repose un troupeau de belles vaches, moutons et chèvres, confiés à la garde d'un jeune pâtre couché le long d'une haie.

H. 14 p. L. 16. s. T.

58. J. B. Wenix. — Perdrix , oiseaux de toute espèce et attributs de chasse, tels que gibecière, filets et autres accessoires.

H. 28 *p. L.* 21 *p. s. T.*

59. Vanderhelst. — Portrait d'une dame hollandaise de distinction, assise et tenant son éventail et ses gants, sa collerette et des bouts de manches qui caractérisent le costume du temps, se détachent sur un ajustement noir.

H. 48 *p. L.* 42. *s. T.*

60. École de Vandyck. — Portrait d'homme portant moustaches, et ajusté d'une collerette plissée.

H. 14 *p. L.* 13. *s. B,*

61. B. Vanderhelst. — Portrait d'une dame hollandaise tenant un livre. Elle est vêtue d'une robe noire sur laquelle se détachent trois rangs de collerettes. La figure gracieuse, quoique pleine et ronde, indique une personne dans la force de l'âge.

H. 10 *p. L.* 8. *s. B.*

62. Cuyp. — Caravane hollandaise, un chariot de poste traverse à gué une étroite rivière ; il est précédé par une laitière conduisant , avec l'assistance d'un jeune garçon, son âne chargé de paniers et un troupeau de chèvres et moutons.

Dans quelques parties de ce tableau et notamment dans le ciel , on aperçoit facilement des repeints qui ne laisseront pas à douter qu'une main assez habile pour les faire disparaître, ne le rende à son état primitif.

H. 23 *p. L.* 32. *s. B.*

63. CORNEILLE POLEMBOURG. — Nymphes se baignant dans une étroite rivière qui passe entre des buttes de terre sur lesquelles deux figures principales se font remarquer. Le fond offre des montagnes, et sur un plan moins reculé, quelques fabriques.

H. 12 *p. L.* 13. *s. B.*

64. ABRAHAM HONDIUS. — Chien poursuivant des oies, et cygnes poursuivis par deux chiens.

Les ouvrages assez rares de ce maître se distinguent par une touche large comme celle de Berghem, et une grande expression dans les animaux qu'il a presque toujours représentés en action.

L. 13 *p. H.* 10. *s. T.*

65. VAN HELMONT. — Chimiste dans son laboratoire et consulté par une servante dont les pleurs attestent le regret de s'être exposé au résultat que lui pronostique le vénérable savant ; on le voit entouré de tous les matériaux qui lui sont utiles pour ses opérations.

Beaucoup de hardiesse dans la touche et une vérité sans affectation distinguent les productions de ce peintre un des bons élèves de Téniers..

H. 27 *p. L.* 30. *s. T.*

66. SÉGHERS. — Femme et satyre, imitation du bas relief.

67. GASPARD DE CRAYER. — Portrait d'homme portant barbe.

H. 26 *p. L.* 18. *s. Papier.*

68. MIRVELDT. — Portrait de Charlotte de Bade dans un costume habillé et ajustée d'une collerette dentelée.

H. 26 *p. L.* 22. *s. B.*

69. BRANDT DE VIENNE. — Monument élevé sur une butte; un cavalier arrêté l'examine.

H. 28 *p. L.* 22. *s. T.*

ÉCOLE FRANÇAISE.

70. M. Demarne. — Le chariot villageois. Dans un paysage de site montagneux et traversé par une rivière, des paysans homme et femme, s'acheminent vers la ville en conduisant avec peine un troupeau rétif à les suivre, si l'on en peut juger par la résistance d'un âne indocile. Le milieu de ce paysage offre une montagne couverte de bruyère ; à gauche et sur une partie de ciel bien nuagé, se détache un arbre auprès duquel une jeune fille semble attendre l'arrivée du cortége.

Tour à tour paysagiste, peintre d'histoire, d'architecture ou d'intérieurs, M. Demarne, qui ne connaît pour ainsi dire de difficile que le repos dans son art, a cumulé tous les genres ; ainsi les gens du monde qui ne manquent pas d'appeler Teniers tous les fumeurs qui sont armés d'un pot à la porte d'un cabaret, seront-ils désappointés quand ils auront vus pour la première fois un paysage avec des vaches, et que croyant bien tenir le type du maître, ils verront encore une grande route, un canal, une scène villageoise, un corps-de-garde, un temple d'architecture, traités par la même main ;

pourront-ils concevoir que de la même palette il soit sorti tant de variété dans les couleurs, et du génie une fécondité si inépuisable en sujets, voilà pourtant l'apologie toute simple du patriarche de la peinture qui, depuis soixante ans, met en circulation une somme immense de plaisirs par toutes ses charmantes productions, qui passeront de main en main, et ne seront point assujéties aux caprices des hommes tant que le sentiment, la nature et la vérité, seront de mode.

H. 24 *p. L.* 30 *p. s. T.*

71. La danse des chiens. — Un petit savoyard au son du fifre et d'un tambourin exerce ses acteurs ambulans en présence d'une famille villageoise.

L. 12 *p. H.* 8. *s. B.*

72. M. Taunay. — Le départ et le retour des champs. —Ces deux tableaux, qui sont d'un effet de ton qui caractérise bien les deux heures différentes du jour, offrent un choix de fabriques du meilleur style et une variété piquante dans les troupeaux que conduisent les jeunes villageoises.

H. 10 *p. L.* 12. *s. B.*

73. Droling. — Une jeune fille tenant un panier au bras accepte un peu de vin que lui offre un ouvrier pour prix de sa commission ; il est assis, il tient encore sa pinte, et semble satisfait d'avoir décidé la

petite messagère à trinquer avec lui. On voit sur la table une écuelle à soupe et les apprêts d'un repas bien frugal. Une petite fille, de l'âge de douze ans environ, est occupée à lire auprès d'une fenêtre entourée de branches de vigne.

H. 11 p. L. 16. s. B.

74. M. Bertin. — Belle composition de paysage, offrant des lignes entrecoupées d'arbres sur différens plans, des fabriques et des montagnes. Une scène tout-à-fait dramatique, et qui sert d'épisode, est celle d'une jeune nymphe qui, effrayée pour les jours de son amant, fuit à l'aspect d'un serpent qu'un chien, fidèle compagnon de son maître, cherche à combattre.

Les éloges seraient superflus aujourd'hui aux ouvrages de M. Bertin, un succès soutenu depuis plus de trente années ne laisse plus de place à la louange.

H. 14 p. L. 18. s. B.

75. Le même. — Forêt avec épisode de bergers gardant leurs moutons, et paysage composé, site d'Italie traversé par un pont.

Ces deux tableaux de forme ronde sont, à juste titre, du pinceau le plus vigoureux de leur auteur, qui semble avoir voulu dédommager le possesseur en lui donnant la qualité pour compenser la dimension qui leur manque.

Forme ronde. Diamètre, 9 p. s. B.

76. Thibauldt. — Paysage, site pris dans les campagnes de Rome ; au pied d'un massif d'arbres, sont deux jeunes amans qui , se livrant aux douceurs de leur âge, sont fidèlement gardés par leur chien, sentinelle attentive. Sous le percée de deux beaux arbres qui les ombragent, on distingue et des fabriques et des sinuosités de chemin à perte de vue.

M. Thibauldt, dont la modestie égalait au moins le talent, et qui préférait encore louer les autres que d'entendre faire son éloge, convenait pourtant, avec cette naïveté connue de ses amis, que de tous ses tableaux de chevalet, celui que possédait M. Boilly lui semblait un de ceux où il avait le plus heureusement réussi.

H. 15 *p. L.* 17. *s. B.*

77. Swebach des Fontaines. — Extérieur d'une ville. On voit sur une place publique une voiture arrêtée et des voyageurs prêts à y monter. Sous une tente sont des tables occupées par des villageois s'amusant à boire.

H. 10 *p. L.* 12. *s. B.*

78. M. Duval. — Deux paysages avec dunes sablonneuses, et enrichis de figures l'un et l'autre.

79. — Arrivage de bateaux à voile sur la côte de Dieppe. Plusieurs marchands de poisson, hommes et femmes, sont sur le rivage. Ce petit tableau, du meil-

leur temps de l'artiste, est inspiré des ouvrages de M. Demarne ; les figures dont il est enrichi sont croquées avec l'esprit, la finesse et le style, qui souvent rehaussent de mérite bien des paysages que M. Duval a été appelé à animer de son pinceau.

L. 12 *p. H.* 8. *s. T.*

80. M. Dunouy. — Petit paysage avec fabriques dans le milieu. Échantillon traité avec soin, et qui seul doit classer M. Dunouy parmi nos bons paysagistes.

L. 9 *p. H.* 7. *s. B.*

81. Michalon. — Paysage de grande étendue, offrant des sites à perte de vue et semés sur les devants de bouquet d'arbres et maisonnettes ; près d'un chêne, de haute structure, sont quatre moissonneurs se reposant des fatigues du jour.

L. 24 *p. H.* 20. *s. T.*

82. Hue. — Grand paysage, vue de forêt traversée par une marre d'eau ; on y voit débusquant une allée deux cavaliers et une dame montée sur un cheval blanc.

H. 40 *p. L.* 54. *s. T.*

83. Loutherbourg. — Joli paysage offrant un site sablonneux et garni de bruyères en quelques endroits. Une jeune fille y garde ses moutons et deux vaches abritées contre un vieux orme. Le lointain offre une vue très-étendue de campagne.

Ce paysage traité à la manière de Wouvermann Wymuster, etc.

H. 12 *p. L.* 14. *s. T.*

84. VALIN. — Paysage légèrement ébauché.

85. MICHEL. — Vue d'une partie de plaine des environs de Paris et d'un moulin entouré de haies. On distingue quelques figures sur le chemin qui y conduit.

H. 13 *p. L.* 14. *s. T.*

86. ROBERT. — Arche d'un pont et vue souterraine.

Fin de l'École française.

87. OMÉGANCK. — Mouton traversant un large ruisseau. Cette étude terminée sera d'autant plus précieuse pour l'acquéreur, qu'il aura la certitude qu'elle est bien de son auteur, car M. Boilly en a fait acquisition à M. Oméganck dans un voyage qu'il fit en Belgique.

H. 10 *p. L.* 8. *s. T.*

88. J. P. PANINI. — Vue du Forum et des principaux monumens de Rome, l'arc de Titus, de Septime Sevère et le Colysée. Deux tableaux faisant pendant.

H. 32 *p. L.* 34. *s. T.*

DESSINS ET AQUARELLES.

89. Nicole. — Dessin très-capital. La place du Peuple à Rome. Aquarelle.

90. M. de Boissieu. — Tête de vieillard. Dessin à la mine de plomb.

91. Charlier. — Le triomphe de Vénus sur les eaux, et Vénus servie par les Amours.

92. M. Vien. — Coq et poule. Dessin aquarelle.

ESTAMPES.

93. — Le Musée royal publié par Laurent.

94. — Le voyage de la commission d'Égypte, avec texte.

TERRES CUITES.

96. Jeune femme et satyre se présentant mutuellement leurs enfans.

97. Jeu d'enfans, bas-relief.

98. — Vénus sur les eaux, et la toilette de Vénus. Deux pièces.

99. Enfant et tête de jeune Vestale.

OBJETS DIVERS.

100. — Deux forts vases en granit des Vosges, avec anses de Syrènes en bronze doré.

101. — Deux vases en porcelaine fond bleu, ancienne monture.

102. — Un pantographe.

103. — Sous ce numéro seront compris tous les articles omis.

www.ingramcontent.com/pod-product-compliance
Lightning Source LLC
Chambersburg PA
CBHW051347050726
47595CB00006B/2434